DAS

Liguori Lecomte

GEEK-KOCHBUCH

Rezepte inspiriert von Kultfilmen, TV-Serien, Computerspielen ...

Fotos: Pierre Chivoret
Foodstyling: Alexia Janny

Vorwort

Wenn man einen Küchenchef fragt, woher seine Leidenschaft fürs Kochen kommt, erwartet man meist eine Antwort wie: „Ich habe mich schon als Kind für Kochtöpfe begeistert." Manche prahlen auch mit Großmutters Rezepten, die sie seit ihrer Jugendzeit hüten.

Bei mir war es anders. Als Teenager habe ich nicht gekocht, sondern eher die Langfassungen von *Herr der Ringe* angeschaut oder stundenlang auf der Konsole gespielt.

Oft wollen die Leute wissen, was für ein Koch ich bin. Ich antworte dann immer, dass ich mich eher als „Spieler" sehe, der sich in der Küche kreativ austobt.

Heute trifft dies mehr zu denn je zu. Das werdet ihr beim Lesen dieses Geek-Kochbuches merken.

Es greift verschiedene Elemente der Popkultur auf und soll euch helfen, eine gute Zeit mit euren Freunden zu verbringen.

Ich lade euch auf einen kleinen kulinarischen Trip ein. Dabei werdet ihr sehen, dass Kochen geekig sein kann – und dass geekige Gerichte toll schmecken und einfach zuzubereiten sind, selbst für Noobs.

Willkommen in der Küche für Geeks!

Liguori Lecomte

Über den Autor

Liguori Lecomte ist ein angesagter junger Koch aus Frankreich, der bereits mit den verschiedensten Kochstilen in Berührung gekommen ist und sich in der Küche spielerisch austobt. Er ist mit der Popkultur groß geworden und verleiht seinen Rezepten gerne einen „geekigen" Touch. Seit Ende 2013 gibt er eigene Kochkurse in einem witzigen, originellen Ambiente. Heute findet man ihn natürlich auch im Internet, wo er regelmäßig Küchentipps mit seinen Lesern teilt.

Inhalt

Die Geek-Universen: Ein paar Facts

🐉 Harry Potter

Im Mittelpunkt der Romanreihe von J. K. Rowling, die sieben Bände umfasst und zwischen 1997 und 2007 erschienen ist, stehen die Abenteuer des jungen Zauberlehrlings Harry Potter und seiner Freunde. Parallel zu den Büchern, die mit 450 Millionen verkauften Exemplaren weltweit echte Bestseller sind, entstanden zur Freude der Fans acht nicht minder erfolgreiche Kinofilme.

🐉 Matrix

Steig zusammen mit Neo ins Matrix-Universum ein! Möglich wurde dies dank Lana und Lilly Wachowski und ihrer Filmtrilogie, die zwischen 1999 und 2003 von Warner Bros. herausgebracht wurde. Der erste Teil wurde im Jahr 2000 mit zahlreichen Preisen ausgezeichnet.

🐉 Der Herr der Ringe

Die Romantrilogie wurde von J. R. R. Tolkien verfasst und 1954/1955 veröffentlicht (auf Deutsch 1969/1970). Beschreibungen verschiedener Völker, mehrere vom Autor entwickelte Sprachen: Tolkiens Werk ist wirklich monumental! Zwischen 2001 und 2003 adaptierte Peter Jackson das Heldenepos rund um Frodo und den Einen Ring meisterhaft fürs Kino.

🐉 Star Wars

Von George Lucas erschaffene Fantasy-Saga. Nach sechs zwischen 1977 und 2005 veröffentlichten Filmen sind drei weitere Episoden geplant, von denen eine bereits 2015 im Kino gelaufen ist. Rund um die Kämpfe zwischen Jedi-Rittern und Sith-Kriegern sind seither zahlreiche Romane, Comics und Spiele entstanden – ein echtes Star-Wars-Imperium!

📺 Breaking Bad

Von Vince Gilligan erdachte und produzierte Dramaserie, die zu den besten US-amerikanischen Serien überhaupt gehört. Sie besteht aus fünf Staffeln bzw. 62 Episoden und wurde zwischen 2008 und 2013 ausgestrahlt. Ihren Erfolg verdankt die Fernsehserie vor allem der schauspielerischen Leistung der beiden Hauptdarsteller, Bryan Cranston und Aaron Paul.

📺 Dexter

Die von James Manos Jr. konzipierte, auf der Romanreihe von Jeff Lindsay basierende Krimiserie umfasst acht Staffeln mit 96 Folgen. In den USA wurde *Dexter* von 2006 bis 2013 ausgestrahlt. Das Erfolgsgeheimnis der Kultserie liegt in der sympathischen Ausstrahlung des schüchternen Dexter Morgan begründet, der einem ans Herz wächst, obwohl er ein Serienkiller ist.

📺 Game of Thrones

Die Erfolgsserie basiert auf einer seit Mitte der 1990er Jahre erscheinenden Fantasy-Buchreihe von George R. R. Martin und ist in einer fiktiven mittelalterlichen Welt angesiedelt. Die von David Benioff und D. B. Weiss fürs Fernsehen adaptierte Saga umfasst derzeit 60 Folgen in sechs Staffeln (seit 2011) und ist zur weltweit meistgesendeten Serie avanciert.

📺 The Big Bang Theory

US-amerikanische Sitcom, die von Chuck Lorre und Bill Prady entwickelt wurde und zahlreiche Anspielungen auf die Popkultur enthält. Die Fernsehserie umfasst derzeit neun Staffeln, die sich über 207 Episoden erstrecken. Ihre Wirkung erzielt die Serie vor allem durch den sozialen Kontrast zwischen einer Gruppe intelligenter Geeks und ihrer Nachbarin.

⏻ Minecraft

Internetspiel, das von dem schwedischen Programmierer Markus Persson entwickelt und von dessen Firma Mojang veröffentlicht wurde. In den prozedural generierten Blockwelten macht sich der Spieler daran, natürliche Ressourcen abzubauen, um voranzukommen. Von dem Spiel wurden innerhalb von acht Jahren mehr als 120 Millionen Exemplare verkauft.

⏻ The Legend of Zelda

Von der Saga *The Legend of Zelda,* die von Shigeru Miyamoto und Takashi Tezuka für Nintendo erfunden wurde, sind seit 1986 19 offizielle Teile und zahlreiche Ableger erschienen. Im Zentrum der Spiele steht der Protagonist Link, der Prinzessin Zelda retten soll. Neben den Rekordverkaufszahlen für einige Titel beeindruckt die Serie vor allem durch riesige Spielwelten, gutes Gameplay, viele Sidequests und tolle Soundtracks.

⏻ Final Fantasy

Die in der Gamerszene weltweit bekannte Computerspielserie wurde von dem japanischen Gamedesigner Hironobu Sakaguchi entwickelt und produziert. Jeder Teil des für diverse Konsolen erschienenen Rollenspiels bietet eine in sich geschlossene Geschichte mit eigenen Charakteren. *Final Fantasy* gehört zu den besten Videospielen auf dem Markt (im Hinblick auf Gameplay, Grafik, Design und Soundtrack) und wurde sogar fürs Kino adaptiert.

💬 The Walking Dead

Eine von Autor Robert Kirkman und Zeichner Tony Moore erfundene Comicserie. Darin wird die Geschichte einer kleinen Gruppe Überlebender erzählt, die nach einer weltweiten Zombie-Apokalypse versucht, sich vor den Untoten in Sicherheit zu bringen. Die seit 2003 publizierte Serie wurde von Kirkman auch fürs Fernsehen aufbereitet – die Erstausstrahlung der gleichnamigen TV-Serie fand in den USA am 31. Oktober 2010 statt.

💬 Pokémon

Anime-Serie, Kinofilme, Sammelkarten, Mangas … der Pokémon-Hype geht auf den internationalen Erfolg des 1996 von Satoshi Tajiri für Nintendo entwickelten Videospiels zurück und hat zahlreiche Rekorde gebrochen. Seit 2016 gibt es eine mobile App von The Pokémon Company und Niantic; sie hat den Pokémons zu neuen Höhenflügen verholfen.

💬 Batman

Der 1939 von Bob Kane erfundene Comic-Held hat sich im Laufe der Zeit stark weiterentwickelt, ohne an Beliebtheit zu verlieren. Seine Abenteuer fanden und finden Eingang in Fernsehserien, Trick- und Actionfilme sowie in Video- und Hörspiele.

... DIE BASICS

Gemüse karamellisieren

FÜR 2 PERSONEN

Zubereitungszeit: 10 Minuten

Garzeit: 5–10 Minuten

200 g Gemüse nach Wahl
(Karotten, Speiserüben,
Perlzwiebeln etc.)

20 g Butter

1 EL extrafeiner Zucker

Salz und Pfeffer

Das Gemüse waschen und schälen (*Step 1*).

Aus dem Gemüse mithilfe eines Melonenausstechers kleine Kugeln ausstechen (oder das Gemüse in Würfel, Scheiben o. Ä. schneiden) (*Step 2*).

Gemüse, Butter, Zucker, etwas Salz und Pfeffer sowie 100 Milliliter Wasser in einen Topf geben (das Wasser sollte das Gemüse nur zur Hälfte bedecken, nicht mehr) und alles zum Kochen bringen (*Step 3*).

Bei mittlerer Temperatur 5–10 Minuten garen (je nach Größe des Gemüses). Wenn die Flüssigkeit verdampft ist, überzieht die Butter-Zucker-Mischung das Gemüse und bringt es zum Glänzen. (*Step 4*).

Error 404

Achtung: Lieber etwas weniger Wasser in den Topf gießen und bei Bedarf später noch etwas hinzufügen (falls das Gemüse noch nicht gar sein sollte), als gleich zu Beginn zu viel hineinzugeben und den schmackhaften Sud am Ende wegschütten zu müssen.

Räuchern mit Heu

Räuchergut (Hähnchenfleisch, Fisch, Kartoffeln, Butter etc.)

1 großer Kochtopf

Heu

aromatische Kräuter (z. B. Thymian, Lorbeer ...)

1 rundes Kuchengitter, das in den Topf passt

1 Deckel

Zuerst die Zutaten nach der Garmethode deiner Wahl zubereiten (dünsten, braten, grillen etc.).

Danach den „Schnell-Räucherofen" vorbereiten: Dafür den Boden des großen Topfes mit etwas Heu und den Kräutern deiner Wahl auslegen. Das Kuchengitter so auf das Heu setzen, dass die Zutaten, die geräuchert werden sollen, nicht mit Letzterem in Berührung kommen (*Step 1*).

Die gegarten Zutaten zum Räuchern auf das Gitter legen (*Step 2*). Das Heu mit einem Bunsenbrenner anzünden (*Step 3*).

Sobald das Feuer gut entfacht ist, den Deckel auflegen, dann den Übergang vom Topf zum Deckel mit Frischhaltefolie umwickeln, sodass die Flamme erstickt und der Rauch im Topf verbleibt, ohne zu entweichen (*Step 4*). 5–10 Minuten warten, dann die geräucherten Zutaten aus dem Topf nehmen.

Error 404

Achtung: Mit dieser Räuchertechnik wird nicht gegart. Das Heu verkohlt zwar, aber es ist nur der aromatische Rauch, der sich auf die Speisen überträgt.

... KINOFILME

HARRY POTTER

Pochierte Hähnchenbrust „Hogwarts" mit Pilzbeilage aus dem Verbotenen Wald

FÜR 4 PERSONEN

Zubereitungszeit: 45 Minuten

Garzeit: 45 Minuten

1 EL gekörnte Hühnerbrühe

4 Hähnchenbrustfilets

300 g Sahne (30% Fett)

100 g Speckwürfel

Salz und Pfeffer

150 g Champignons

150 g Pfifferlinge

100 g Totentrompeten

100 g Austernpilze

2 walnussgroße Stücke Butter plus 20 g Butter zum Karamellisieren

2 Pastinaken

1 EL extrafeiner Zucker zum Karamellisieren

12 Kartoffeln der Sorte „La Ratte"

1 Prise grobkörniges Salz

Heu zum Räuchern

Für die Hähnchenbrustfilets die Hühnerbrühe in 1 Liter Wasser einrühren. Die Hähnchenbrustfilets darin bei mittlerer Temperatur 15–20 Minuten pochieren, dabei darauf achten, dass das Wasser nicht sprudelnd kocht, sondern nur leicht siedet. Herausnehmen, die Brühe aufkochen und für die Specksauce auf drei Viertel reduzieren.

Für die Specksauce die Sahne und die Speckwürfel in einem Topf zum Kochen bringen, dann den Herd ausschalten, den Deckel auflegen und das Ganze 10 Minuten durchziehen lassen. Die reduzierte Brühe zugießen und die Mischung erneut aufkochen. Durch ein Spitzsieb aus Edelstahl gießen, damit nur noch die Sauce übrigbleibt. Bei Bedarf mit Salz und Pfeffer nachwürzen.

Für das Pilzgemüse die Pilze putzen und klein schneiden. In einem Topf 1 Stück Butter erhitzen. Die Champignons hineingeben und 30 Sekunden ohne Rühren anbraten, dann unter Rühren 3–4 Minuten weiterbraten. Zum Ende der Garzeit mit Salz und Pfeffer abschmecken. Beiseitestellen und die übrigen Pilzsorten auf die gleiche Weise zubereiten.

Die Pastinaken schälen, aus dem Fruchtfleisch kleine Kugeln ausstechen und diese karamellisieren (siehe S. 12).

Die Kartoffeln halbieren. In einem Topf mit Wasser bedecken und das grobkörnige Salz hinzufügen. Das Wasser zum Kochen bringen, die Kartoffeln 8 Minuten garen. Abtropfen lassen und zusammen mit 1 Stück Butter in einer Pfanne etwa 2 Minuten braten, bis die Kartoffeln eine goldbraune Färbung angenommen haben. Mit Salz und Pfeffer würzen, danach die Kartoffeln (und die Hähnchenbrustfilets, falls gewünscht) mit Heu räuchern (siehe S. 14).

Die pochierten Hähnchenbrustfilets in tiefen Tellern anrichten und mit der Specksauce übergießen, daneben das Gemüse und die Kartoffeln arrangieren.

HARRY POTTER

Schoko-Cupcakes à la Bertie Bott

———

**ERGIBT ETWA
12 CUPCAKES**

Zubereitungszeit: 20 Minuten

Backzeit: 10 Minuten

2 Eier

60 g extrafeiner Zucker

75 g Mehl

1 TL Backpulver

60 g Butter

40 ml Milch

50 g Zartbitterschokolade

Aromen, Gewürze,
Früchte, Gemüse

Den Backofen auf 180 °C vorheizen. Die Eier und den Zucker in einer Schüssel mit einem Schneebesen leicht schaumig schlagen. Schrittweise das Mehl und das Backpulver einarbeiten. Die Butter zum Schmelzen bringen (ein paar Sekunden in der Mikrowelle reichen aus) und untermischen. Anschließend die Milch zugießen und gut verrühren. Die Zartbitterschokolade im Wasserbad oder in der Mikrowelle zum Schmelzen bringen und ebenfalls unter den Teig mischen.

À la Bertie Bott: Um den Cupcakes einen persönlichen Touch zu geben, den Teig auf mehrere Schälchen verteilen und jeweils ein Gemüse (Radieschen, Karotten), eine Obstsorte (Himbeere, Heidelbeere), ein aromatisches Würzmittel (Vanille, Minze), ein Gewürz (Safran, Zimt) oder eine Bonbonsorte deiner Wahl hinzufügen – lass deiner Fantasie einfach freien Lauf!

Zwölf Cupcake-Förmchen jeweils zur Hälfte mit Teig befüllen. Im Backofen etwa 10 Minuten backen, bis ein mittig in einen Cupcake gestochenes Messer sauber wieder herauskommt.

Achtung, Spoiler!

Bertie Botts Bohnen jeder Geschmacksrichtung gehören zu Harry Potters Lieblingssüßigkeiten und sind somit fester Bestandteil der Magischen Welt. Was sie so faszinierend macht: Man weiß nie genau, welchen Geschmack sie entfalten werden! Denselben Spaß kannst du dir hier bei diesen Cupcakes erlauben – Geschmacksrichtungen wie „Popel" solltest du aber lieber vermeiden!

MATRIX

Matrix-Burger

ERGIBT 8 BURGER

Zubereitungszeit: 30 Minuten
Garzeit: 1 Stunde 5 Minuten

Für die Hamburgerbrötchen

1 Tütchen Trockenhefe

25 g extrafeiner Zucker

220 ml Milch

55 g Butter

15 g Tintenfischtinte (im
italienischen Feinkostgeschäft
oder online erhältlich)

2 Eier

560 g Mehl

8 g Salz

Sesamsamen mit
Wasabi-Geschmack (im Asia-
Laden oder online erhältlich)

Für die Garnitur

3 grüne Tomaten

1 Salatgurke

4 Salatblätter

400 g frischer Lachs

100 g Räucherlachs

1 Schalotte

Salz und Pfeffer

1 Schuss Olivenöl

Für die Wasabi-Sauce

4 EL Crème fraîche (30% Fett)

8 EL Frischkäse

Saft von 1 Zitrone

Wasabi-Senf (im Asia-Laden
oder online erhältlich)

Für die Hamburgerbrötchen den Backofen auf 50 °C vorheizen. Ein Glas mit 100 Millilitern Wasser 1 Minute in der Mikrowelle erhitzen, dann die Trockenhefe und den Zucker untermischen. Milch und Butter in einem Topf erhitzen, anschließend die Tintenfischtinte zugeben. Die Mischung etwas abkühlen lassen, dann 1 Ei einrühren.

Die Hälfte des Mehls zusammen mit dem Glas Hefe-Wasser und der lauwarmen Milch-Tinten-Mischung in eine Schüssel geben. Mit der Küchenmaschine (mittlere Geschwindigkeit) oder von Hand durchkneten. Nach und nach die zweite Hälfte Mehl sowie das Salz zufügen und alles zu einem glatten Teig kneten. Daraus 8 gleich große Teigkugeln formen, diese 35 Minuten im vorgeheizten Backofen gehen lassen. Die Burgerbrötchen aus dem Ofen nehmen und die Ofentemperatur auf 180 °C erhöhen.

In einer Schüssel das zweite Ei aufschlagen und damit die Brötchen einpinseln. Nach Belieben mit Wasabi-Sesamsamen bestreuen und für 20 Minuten in den Backofen schieben.

Für die Garnitur die Tomaten und die Salatgurke in Scheiben schneiden. Die Salatblätter waschen. Den frischen Lachs und den Räucherlachs klein hacken. Die Schalotte schälen und fein würfeln. Lachs- und Schalottenstückchen vermischen und mit Salz und Pfeffer würzen. Aus der Lachs-Zwiebel-Masse 8 Lachssteaks formen. Das Olivenöl in einer Pfanne erhitzen und die Steaks darin von beiden Seiten je 2 Minuten anbraten.

Für die Wasabi-Sauce die Crème fraîche mit dem Frischkäse verrühren. Nach Belieben den Zitronensaft und etwas Wasabi-Senf untermischen.

Die Hamburgerbrötchen aufschneiden und nochmals 5 Minuten im Backofen toasten. Die unteren Brötchenhälften jeweils mit Wasabi-Sauce bestreichen und mit je einem Lachssteak und etwas Rohkostgarnitur belegen, die zweite Brötchenhälfte obenauf legen.

Achtung, Spoiler!

Was gibt es Besseres, als noch schnell einen leckeren Burger zu verdrücken, bevor man sich ins Matrix-Universum stürzt? Mit gut gefülltem Bauch lässt es sich doch gleich viel leichter Kontakt zum Orakel aufnehmen, der Frau im roten Kleid begegnen und den Agenten den Kampf ansagen.

MATRIX

Morpheus' Angebot

FÜR 4 PERSONEN

Zubereitungszeit: 30 Minuten

Garzeit: 5 Minuten

2 reife Bananen

2 reife Avocados

200 g extrafeiner Zucker

Saft von 2 Limetten

180 g Sahne (30% Fett)

80 g gesalzene Butter,
fein gewürfelt

60 g Zartbitterschokolade

4 rote Gummibonbons

4 blaue Gummibonbons

Die Bananen und die Avocados in eine Schüssel geben und mit einer Gabel pürieren, dann 40 g Zucker sowie den Limettensaft zugeben und alles gut vermischen.

In einem kleinen Topf die Sahne erhitzen. In einem weiteren Topf den restlichen Zucker ohne Rühren aufkochen, bis eine bernsteinfarbene Karamellmasse entsteht. Anschließend schrittweise die Sahne zugeben und sehr vorsichtig mit einem Schneebesen unterrühren. Danach die Butterwürfel untermischen.

Die Zartbitterschokolade im Wasserbad zum Schmelzen bringen oder einige Sekunden in der Mikrowelle erhitzen.

Die Karamellmasse auf 8 kleine Dessertgläser verteilen, dann das Bananen-Avocado-Püree einfüllen und mit einer dünnen Schicht geschmolzener Zartbitterschokolade überziehen. 4 Gläser jeweils mit einem roten, die übrigen 4 mit einem blauen Bonbon verzieren, solange die Schokolade noch flüssig ist, damit die Bonbons gut auf dem Dessert haften.

Achtung, Spoiler!

Morpheus ist nicht nur Kapitän der Nebukadnezzar, sondern er glaubt auch am meisten an Neo. Er hält ihn für den lang ersehnten „Auserwählten", der die Menschen aus der Fremdherrschaft der Maschinen befreien wird - so wie es das Orakel vorhergesagt hat. Doch vorher stellt er ihn vor die Wahl: Wenn sich Neo für die blaue Kapsel entscheidet, ist alles aus und er wacht im eigenen Bett wieder auf. Schluckt er stattdessen die rote Kapsel, bleibt er im Wunderland und wird in die tiefsten Tiefen des Kaninchenbaus geführt.

DER HERR DER RINGE

Samweis Gamdschies Kaninchenragout mit „scheußlichen Fritten" und elbischem Lembas-Brot

FÜR 4 PERSONEN

Zubereitungszeit: 30 Minuten

Garzeit: 45 Minuten

Für das Kaninchenragout

2 Kaninchenrücken (etwa 600 g)

1 Zwiebel

4 Karotten

100 g Champignons

40 g Butter

Salz und Pfeffer

1 TL Honig

1 EL Mehl

2 EL gekörnte Brühe

1 Bouquet garni

Die Kaninchenrücken auslösen (am besten vom Metzger vorbereiten lassen) und in mundgerechte Stücke schneiden. Die Zwiebel schälen und in dünne Ringe schneiden. Die Karotten in dünne Scheiben schneiden und die Champignons vierteln.

In einem Topf die Butter zerlassen, bis sie schäumt. Die Zwiebelringe darin mit je 1 Prise Salz und Pfeffer andünsten, danach zum Karamellisieren den Honig zufügen. Das Kaninchenfleisch in die Pfanne geben und bei hoher Temperatur goldbraun braten, dann die Karottenscheiben und die Champignonviertel zugeben. 2–3 Minuten garen, danach das Mehl hinzufügen und 2 Minuten anschwitzen.

Die Brühe in eine Schüssel geben und mit etwas Wasser verrühren. 500 Milliliter Wasser angießen. Die Brühe zusammen mit dem Bouquet garni in den Topf geben, den Deckel auflegen und das Ganze 10–15 Minuten köcheln lassen. Kaninchenfleisch und Gemüse herausnehmen, dann die Sauce bei hoher Temperatur erhitzen, damit sie eindickt. Fleisch und Gemüse zurück in die Sauce geben und, falls nötig, mit Salz und Pfeffer nachwürzen.

Für die Pommes frites

6 Kartoffeln

1 EL grobkörniges Salz

neutrales Speiseöl

Salz und Pfeffer

Für die Lembas-Brote

2 Eier

2 EL Honig

2 EL Traubenkernöl

2 EL Orangenblütenwasser

60 g gemahlene Mandeln

40 g Mehl

1 TL Backpulver

1 Prise Salz

1 Prise gemahlener Sternanis

fein abgeriebene Schale
von 1 Orange

3 EL Kürbiskerne

4 große Obstbaumblätter
(z. B. Feigenblätter)

Die Kartoffeln schälen und in dicke Spalten schneiden. In einen Topf füllen, gerade eben mit kaltem Wasser bedecken und das grobkörnige Salz hinzufügen. Das Wasser zum Kochen bringen und 1 Minute warten, dann die Kartoffelspalten herausnehmen und abtropfen lassen.

In einer Pfanne 1 Schuss Öl erhitzen und die Kartoffelspalten hineingeben. Ein paar Minuten braten, danach mit Salz und Pfeffer würzen. Zwischendurch den Garzustand prüfen: Wenn ein mittig in eine Kartoffel gestochenes Messer mühelos hineingleitet, sind die Pommes frites fertig! Wer mag, kann die Pommes frites auch mit Heu räuchern (siehe dazu S. 14).

Den Backofen auf 180 °C vorheizen. Die Eier mit dem Honig verquirlen. Traubenkernöl, Orangenblütenwasser, Mandeln, Mehl, Backpulver, Salz, Sternanis, Orangenabrieb und Kürbiskerne unterrühren. Den Teig auf 4 Cupcake-Förmchen verteilen und 10 Minuten im Ofen backen.

Die Brote aus dem Ofen holen und abkühlen lassen. Mittig auf den großen Obstbaumblättern anordnen, einwickeln und verschnüren (siehe Foto S. 28). Das Kaninchenfleisch und das Gemüse appetitlich auf Tellern anrichten und zusammen mit den Pommes frites und den Lembas-Broten servieren.

Achtung, Spoiler!

Wenn ich mich im Regal auf ein Werk beschränken müsste, dann wäre es *Der Herr der Ringe*, mein absolutes Lieblingsbuch!!! Tolkiens Heldenepos hat bereits mehrere Generationen von Fans begeistert und das nicht nur dank der Bücher, sondern auch dank der Kinotrilogie. Im zweiten Teil bereitet Sam ein Kaninchenragout zu, indem er zwei von Gollum gefangene Kaninchen in der Pfanne schmort – die einzige Zubereitungsweise, die ihm zusagt. Und auch gegen die von Gollum als „scheußliche Fritten" bezeichneten Kartoffeln hätte Sam nichts einzuwenden. Sie wären eine willkommene Abwechslung zum elbischen Lembas-Brot, das sie in ihren Rucksäcken mit sich führen.

DER HERR DER RINGE

Tartelettes „Sauron"

FÜR 4 PERSONEN

Zubereitungszeit: 30 Minuten

Backzeit: 15 Minuten

Ruhezeit: 8 Minuten

1 Ei

80 g extrafeiner Zucker

60 g Mehl

20 g Milch

20 g Olivenöl

100 g Mascarpone

100 g Sahne (30 % Fett)

1 Prise gemahlener Safran

50 g Zartbitterschokolade

2 Mandarinen

Den Backofen auf 170 °C vorheizen. Das Ei und 60 g Zucker in einer Schüssel mit einem Schneebesen leicht schaumig schlagen. Mehl, Milch und Olivenöl zugeben und unterrühren. Den Teig in eine mit Backpapier ausgekleidete flache Backform gießen oder auf einem mit Backpapier ausgelegten Backblech verstreichen, im Ofen 15 Minuten backen, danach abkühlen lassen.

Mit einem elektrischen Handrührgerät oder einem Schneebesen den Mascarpone zusammen mit der Sahne und dem restlichen Zucker steif schlagen, dann den Safran untermischen. Dabei darauf achten, dass sowohl die Zutaten als auch die Schüssel schön kalt sind, damit die Sahne ohne Probleme fest wird.

Die Schokolade im Wasserbad oder in der Mikrowelle zum Schmelzen bringen. Auf einem Bogen Backpapier verstreichen und 3 Minuten abkühlen lassen. Mit einem Messer die Pupillen ausschneiden und das Blech 5 Minuten im Kühlschrank kalt stellen. Sobald die Schokolade fest geworden ist, die Schoko-Pupillen aus dem Kühlschrank nehmen.

Die Mandarinen filetieren, d.h. mit einem Messer die Schale so abschneiden, dass die weiße Haut vollständig mit entfernt wird und nur die einzelnen Mandarinenstücke übrig bleiben.

Aus dem vorgebackenen Teig mithilfe eines runden Ausstechförmchens kleine Teigböden ausstechen. Die Safran-Sahne auf den Tartelette-Böden verteilen, die Tartelettes mit Mandarinenfilets belegen und obenauf je 1 Schoko-Pupille anrichten.

Achtung, Spoiler!

Damit sie ihre Odyssee durch Mittelerde erfolgreich abschließen können, müssen Frodo und Sam sich nach Mordor begeben, um den Einen Ring in den Feuern des Schicksalsbergs zu vernichten. Was liegt da näher, als unser kulinarisches Abenteuer genauso zu beenden wie die beiden Hobbits in Barad-dûr – Auge in Auge mit Sauron, dem „Dunklen Herrscher".

STAR WARS

Filet Mignon „Dagobah" mit würziger Kräuterkruste

FÜR 4 PERSONEN

Zubereitungszeit: 35 Minuten

Garzeit: 1 Stunde

600 g Schweinefilet (Filetspitze)

Olivenöl

Salz und Pfeffer

150 g zerkrümeltes Weißbrot

150 g Greyerzer

frische Kräuter (Petersilie, Estragon, Kerbel), klein gehackt

1 EL gekörnte Geflügelbrühe

1 Zwiebel

Butter

1 EL Honig

170 g Quinoa

2 Zucchini

12 grüne Spargelstangen

100 g Haselnüsse

Für die Sauce

2 EL gekörnte Geflügelbrühe

250 g Erbsen

6 Minzeblätter

Den Backofen auf 180°C vorheizen. Das Schweinefilet mit 1 Schuss Olivenöl und etwas Salz und Pfeffer in Alufolie wickeln, dann 20 Minuten im Backofen garen. Inzwischen im Mixer die Brotkrumen und den Greyerzer zerkleinern und die gehackten Kräuter deiner Wahl untermischen. Mit Salz und Pfeffer abschmecken.

Das Fleisch aus der Folie nehmen und mit der Kräuterpanade bestreichen. Bei 200 °C für 5 Minuten unter den Backofengrill schieben.

Für die Sauce die Geflügelbrühe mit 500 Millilitern Wasser in einen Topf füllen und aufkochen. Erbsen und Minzeblätter hineingeben und 5 Minuten köcheln lassen. Ein paar Erbsen zum Anrichten aufbewahren. Die Sauce im Mixer pürieren und durch ein Spitzsieb aus Edelstahl gießen, damit eine glatte Sauce entsteht. Falls nötig mit Salz und Pfeffer nachwürzen.

Für das Gemüse die Geflügelbrühe in 1 Liter Wasser einrühren. Die Zwiebel schälen und fein würfeln, in einem Topf in etwas Butter andünsten. 1 Prise Salz und den Honig hinzufügen. Sobald die Zwiebelwürfel goldbraun sind, die Quinoa untermischen. Bei mittlerer Temperatur etwa 20 Minuten garen und dabei schrittweise die Geflügelbrühe zugießen, bis die Flüssigkeit vollständig verdampft ist.

Mithilfe eines Melonenausstechers kleine Kugeln aus den Zucchini ausstechen (ohne sie zu schälen) und diese in einer Pfanne in etwas Butter andünsten. Mit Salz und Pfeffer abschmecken. Die Spargelstangen zuerst 5 Minuten dämpfen, dann in einer Pfanne in etwas Butter braten. Bei Bedarf mit Salz und Pfeffer würzen. Die Haselnüsse klein hacken und 2 Minuten in einer heißen Pfanne rösten.

Pro Person 2 Scheiben Schweinefilet abschneiden und mit den verschiedenen Beilagen auf Serviertellern anrichten. Zum Schluss mit den gerösteten Haselnüssen bestreuen.

Achtung, Spoiler!

Wer steht nicht auf Meister Yoda? Dieser weise grüne Zwerg, der während eines Kampfes immer wie ein Floh durch die Gegend hüpft, hat es einfach allen angetan. Also auf nach Dagobah zu einer kleinen Pilgerreise, um den berühmten Jedi-Meister zu würdigen – mit einem Gericht, das an die hübschen Sumpflandschaften auf seinem Planeten erinnert.

STAR WARS

Mascarponedessert „Luke Skywalker"

—

FÜR 4 PERSONEN

Zubereitungszeit: 45 Minuten

Backzeit: 2 Stunden

5 Eiweiß

130 g extrafeiner Zucker

250 g Sahne (30% Fett)

250 g Mascarpone

200 g weiße Schokolade

1 TL gemahlene Bourbon-Vanille

100 g Kokosraspel

fettlösliche blaue Lebensmittelfarbe

fettlösliche rote Lebensmittelfarbe

8 Keks-Sticks

100 g Spekulatius

Den Backofen auf 80 °C vorheizen. Das Eiweiß mit der Küchenmaschine oder einem elektrischen Handrührgerät aufschlagen. Sobald es schaumig wird, 45 Gramm Zucker hinzufügen; wenn es fest zu werden beginnt, weitere 45 Gramm Zucker zugeben. So lange weiterschlagen, bis eine glänzende Baisermasse entstanden ist. Daraus Meringen formen und diese 2 Stunden im Backofen backen.

In einer Schüssel die Sahne, den Mascarpone und den restlichen Zucker aufschlagen, bis die Sahne steif ist. Dabei darauf achten, dass sowohl die Schüssel als auch die Sahne und der Mascarpone schön kalt sind. 100 Gramm Schokolade im Wasserbad oder in der Mikrowelle zum Schmelzen bringen, dann behutsam unter die Sahne ziehen. Unter vorsichtigem Rühren die gemahlene Vanille und die Kokosraspel beimischen.

Die restliche Schokolade zum Schmelzen bringen und auf zwei kleine Schüsseln verteilen: Die Schokolade in der einen Schüssel mit der blauen Lebensmittelfarbe vermischen, die andere mit der roten Farbe verrühren, um daraus die „Laserschwerter" herzustellen.

Dafür die Keks-Sticks in die verschiedenfarbigen Schokosaucen tauchen und im Kühlschrank abkühlen lassen. Die Spekulatius zerkrümeln und die Meringen zerbröseln. Spekulatiuskrümel zuunterst in die Dessertgläser füllen, die Sahne-Mascarpone-Masse darüber verteilen und obenauf die Meringestückchen arrangieren. Zum Abschluss mit je 1 roten oder blauen „Laserschwert" dekorieren.

Achtung, Spoiler!

Eine der eindrucksvollsten Schlachten der Saga findet in Episode V *Das Imperium schlägt zurück* statt, genauer gesagt auf dem Eisplaneten Hoth. Um die AT-ATs, riesige imperiale Kampfläufer, zu Fall zu bringen, muss Luke sich ganz schön was einfallen lassen. Vergiss nicht, das Laserschwert einzupacken und an Bord deines Snowspeeders zu gehen, bevor du dich über dieses Dessert hermachst!

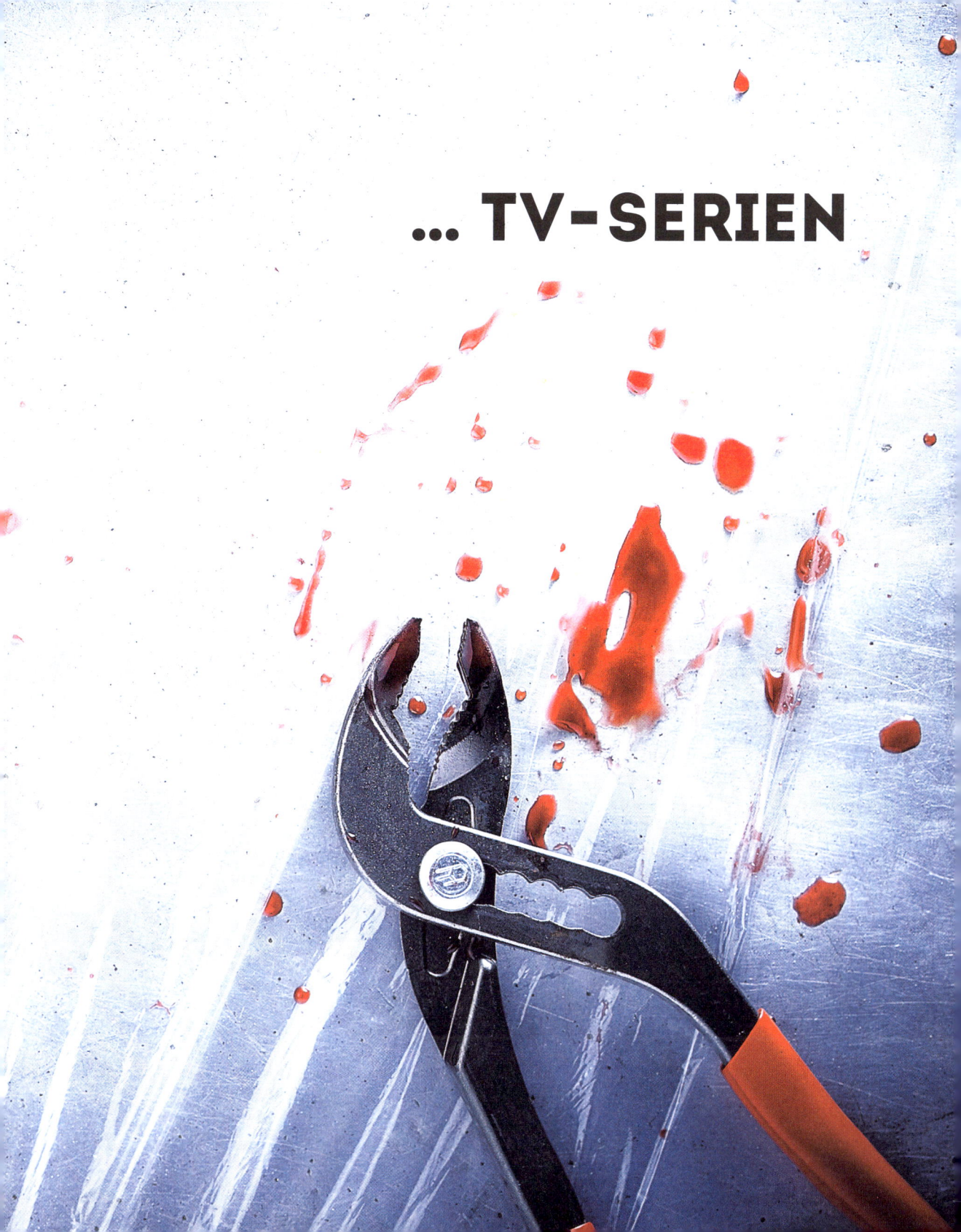

... TV-SERIEN

BREAKING BAD

Fried Chicken „Los Pollos Hermanos"

FÜR 4 PERSONEN

Zubereitungszeit: 1 Stunde

Garzeit: 35 Minuten

5 EL Mehl

1 EL Hähnchen-Würzsalz

Salz und Pfeffer

2 Eier

200 g ungezuckerte Cornflakes

20 Hähnchenbrust-Filetstücke

1 l Frittieröl

Für den mexikanischen Dip

2 Tomaten

2 Paprikaschoten

2 Zwiebeln

Olivenöl

1 Prise Salz

1 EL Honig

1 Knoblauchzehe, entkeimt

1 Bouquet garni

1 Msp. Cayennepfeffer

Für die Bratkartoffeln

12 Kartoffeln der Sorte „La Ratte"

1 EL grobkörniges Salz

Olivenöl

Salz und Pfeffer

1 EL Tex-Mex-Gewürzmischung

3 Schüsseln bereitstellen: In der ersten das Mehl, das Hähnchen-Würzsalz und 1 Prise Salz und Pfeffer verrühren. In der zweiten die Eier verquirlen. In der dritten die Cornflakes zerstoßen. Die Hähnchenbrust-Filetstücke zuerst im Mehl, dann in den verquirlten Eiern und zum Schluss in den zerstoßenen Cornflakes wenden.

Das Frittieröl in einem Topf oder einer Fritteuse auf 170 °C erhitzen. Die Hähnchenbruststücke 1 Minute im heißen Öl frittieren.

Für den mexikanischen Dip die Tomaten und die Paprikaschoten häuten. Die Kerne entfernen, dann das Tomatenfleisch in große Stücke und die Paprika in feine Streifen schneiden. Die Zwiebeln schälen und in Streifen schneiden. Die Zwiebelstreifen in einem Topf zusammen mit etwas Olivenöl und dem Salz 2 Minuten andünsten. Zum Karamellisieren der Zwiebeln den Honig zugeben. Paprikastreifen, Tomatenstücke, Knoblauch, das Bouquet garni sowie nach Belieben Cayennepfeffer hinzufügen. Bei mittlerer Temperatur etwa 25 Minuten köcheln lassen, bis die Flüssigkeit verdampft ist. Falls nötig mit Salz und Pfeffer nachwürzen.

Die Kartoffeln längs halbieren. Die Kartoffelhälften mit dem grobkörnigen Salz in einen Topf füllen und mit Wasser bedecken. Zum Kochen bringen und 7 Minuten garen, danach die Kartoffeln herausnehmen und abtropfen lassen.

Die Kartoffeln zum Fertiggaren in der Pfanne braten, dabei 1 Schuss Olivenöl, etwas Salz und Pfeffer sowie die Tex-Mex-Gewürzmischung zugeben.

Alles zusammen auf einem Teller anrichten oder in Spitztüten aus Papier servieren.

Achtung, Spoiler!

Yo Bitches! Vor dem Treffen mit Saul Goodman geht es noch zu einem kleinen Abstecher in die berühmteste Restaurantkette New Mexicos. Mach es wie Gustavo Fring und serviere deinen Gästen das typische Fast-Food-Gericht der Serie: Fried Chicken!

BREAKING BAD

Donuts & Blue Meth, B*tch!

FÜR 4 PERSONEN

Zubereitungszeit: 30 Minuten

Frittierzeit: 20 Minuten

Für das Blue Meth

100 g extrafeiner Zucker

50 g Traubenzucker (Pulver)

1 ganz kleine Msp. blaues
Lebensmittelpulver

Für die Express-Donuts

100 ml Milch

20 g Butter

40 g extrafeiner Zucker

1 TL Trockenhefe

1 Ei

1 TL Vanilleextrakt

1 TL gemahlener Zimt

250 g Mehl

Frittieröl

100 g weiße Schokolade

Für das Blue Meth den Zucker, den Traubenzucker, 50 g Wasser und das blaue Lebensmittelpulver in einen Topf füllen und auf 150 °C erhitzen. Die Temperatur mit einem Küchenthermometer überprüfen. Die Zuckersirupmasse auf einem Blech verteilen und abkühlen lassen, dann die Zuckerplatte in kleine Kristallsplitter brechen.

Für die Donuts die Milch und die Butter in einem Topf oder in der Mikrowelle erhitzen. Zucker und Trockenhefe hineingeben, mit einem Schneebesen verrühren und 5 Minuten ruhen lassen. Ei, Vanilleextrakt und Zimt zufügen und unterrühren. Nach und nach das Mehl einarbeiten und den Teig von Hand oder mithilfe einer Küchenmaschine mindestens 5 Minuten durchkneten. Falls der Teig zu sehr an den Fingern klebt, noch etwas Mehl hinzufügen.

Das Frittieröl in einem Topf oder einer Fritteuse auf 160–170 °C erhitzen. Für die Donuts aus dem Teig entweder Ringe formen oder Kugeln mit einem Loch in der Mitte, die anschließend leicht flach gedrückt werden. Die Donuts unter mehrmaligem Wenden 1–2 Minuten im heißen Öl frittieren.

Die weiße Schokolade im Wasserbad oder in der Mikrowelle zum Schmelzen bringen. Jeweils eine Hälfte der Donuts in die Schokolade tauchen. Mit den Blue-Meth-Splittern dekorieren und im Kühlschrank abkühlen lassen.

Achtung, Spoiler!

Yo! Die Cops aus Albuquerque stehen anscheinend auf Donuts, daher kommt hier nun das Rezept für dich.
Los geht's, ab in den Wohnwagen, du wirst gebraucht, um Mr. Whites Crystal Meth zu verpacken.
Es ist zu 99,1 % rein, Bitch!

DEXTER

Brunch à la Dexter Morgan

FÜR 4 PERSONEN

Zubereitungszeit: 30 Minuten

Garzeit: 1 Stunde

Für das Ketchup

1 kg Tomaten

1 Zwiebel

Butter

Salz und Pfeffer

1 EL Honig

1 EL Tomatenmark

1 Thymianzweig

1 Lorbeerblatt

1 Knoblauchzehe, entkeimt

75 ml Weinessig

40 g extrafeiner Zucker

1 Msp. Piment d'Espelette

Für die Toasts mit Kaffeecreme

250 g Mascarpone

20 g extrafeiner Zucker

1 EL Kaffee-Extrakt

1 EL flüssiger Chicorée-Extrakt (online erhältlich)

4 Brotscheiben

Für die Beilagen

4 Scheiben Bacon

4 Wachteleier

neutrales Speiseöl

2 Kartoffeln

300 ml Frittieröl

Salz

2 Blutorangen

Für das Ketchup die Tomaten in Stücke schneiden und die Kerne entfernen. Die Zwiebel in dünne Ringe schneiden und in einem Topf zusammen mit 1 walnussgroßen Stück Butter, 1 Prise Salz und dem Honig 5 Minuten dünsten. Tomatenstücke, Tomatenmark, Thymianzweig, Lorbeerblatt, Knoblauchzehe, Essig, Zucker und Piment d'Espelette hinzufügen. Bei mittlerer Temperatur 30–35 Minuten köcheln lassen, damit so viel Flüssigkeit wie möglich verdampft. Lorbeerblatt, Thymianzweig und Knoblauchzehe herausnehmen. Den Rest im Mixer pürieren und dann durch ein Spitzsieb passieren. Falls nötig mit Salz und Pfeffer nachwürzen.

Für Toasts und Kaffeecreme den Mascarpone mit dem Zucker, dem Kaffee- und dem Chicorée-Extrakt aufschlagen. Die Brotscheiben toasten und mit der Kaffeecreme garnieren.

Für die Beilagen den Backofen auf 180 °C vorheizen. Die Baconscheiben zwischen zwei Backbleche legen und 20 Minuten im Ofen knusprig braten. Sobald sie abgekühlt sind, in sehr kleine Stücke zupfen. Die Wachteleier aufschlagen und in einer Pfanne in 1 Schuss Öl bei mittlerer Temperatur etwa 2 Minuten braten, bis das Eiweiß gestockt ist; das Eigelb soll jeweils innen noch flüssig sein. Die Kartoffeln schälen und in sehr feine Scheiben schneiden. Das Frittieröl in einer Pfanne oder einer Fritteuse auf 180 °C erhitzen. Die Kartoffelchips 30 Sekunden im heißen Öl frittieren, dann auf Küchenpapier abtropfen lassen und salzen. Die Blutorangen filetieren.

Wie Dexter am besten nichts dem Zufall überlassen: Alle Komponenten sollten sorgfältig auf dem Teller angerichtet werden.

Achtung, Spoiler!

Dexter Morgan oder der nette Serienkiller von nebenan. Allein das Intro ist genial gemacht: Jeder Handgriff seines morgendlichen Rituals hat etwas Doppeldeutiges, was auf die dunklen Seiten seiner Persönlichkeit verweist.

DEXTER

Key Lime Pie

FÜR 6 PERSONEN

Zubereitungszeit: 45 Minuten

Backzeit: 25 Minuten

Ruhezeit: 2 Stunden

200 g *Spekulatius*

70 g *Butter*

4 *Eier*

4 *Limetten*

300 g *gezuckerte Kondensmilch*

90 g *extrafeiner Zucker*

Den Backofen auf 180 °C vorheizen. Die Spekulatius im Mixer zerkleinern. Die Butter zum Schmelzen bringen und zu den Spekulatiuskrümeln geben, dann alles mit einem Kochlöffel vermischen. Die Keksmasse in einer Kuchenform verteilen und mit einem Löffel fest andrücken. Im Backofen 10 Minuten backen. Den Keksboden kurz abkühlen lassen.

Eiweiß und Eigelb trennen. Dafür zwei Schüsseln bereithalten: In der einen 4 Eigelb, in der anderen 2 Eiweiß beiseitestellen. Die Schale von 2 Limetten abreiben, dann die 4 Limetten auspressen und den Saft auffangen.

Die Eigelbe mit der gezuckerten Kondensmilch, dem Limettensaft und dem Limettenabrieb verquirlen. Die Eigelbmasse auf dem Keksboden verteilen und 15 Minuten im Backofen backen. Mindestens 2 Stunden im Kühlschrank ruhen lassen.

Das Eiweiß in der Küchenmaschine oder mit dem elektrischen Handrührgerät auf mittlerer Stufe schaumig schlagen, dann die Hälfte des Zuckers zugeben. Schrittweise die Geschwindigkeit erhöhen. Sobald die Masse weiß wird, aber noch flüssig ist, den restlichen Zucker einrieseln lassen und nochmals die Geschwindigkeit erhöhen. Weitere 5 Minuten schlagen, bis eine feste Baisermasse entstanden ist.

Die Key Lime Pie mit Baiserhäubchen verzieren. Die Häubchen anschließend mit einem kleinen Bunsenbrenner flambieren oder 1 Minute unter dem vorgeheizten Backofengrill bräunen.

Achtung, Spoiler!

In Staffel 3 macht sich Dexter auf die Suche nach der perfekten Key Lime Pie, um sie Camilla ans Krankenbett zu bringen. Wer schon einmal diese aus Florida stammende Spezialität probiert hat, kann bestätigen, dass es sich hierbei um ein mörderisch gutes Dessert handelt.

GAME OF THRONES
Joffrey Baratheons Taubenpastete

FÜR 4 PERSONEN

Zubereitungszeit: 30 Minuten

Backzeit: 30 Minuten

1 Taube

1 Schalotte

100 g Totentrompeten (ersatzweise Pfifferlinge)

Bund glatte Petersilie

Butter

Salz und Pfeffer

1 EL Honig

200 g Kalbshack, gewürzt

2 Platten Mürbeteig (aus dem Kühlregal)

1 Ei

2 EL Reisessig

lila Lebensmittelfarbe

4 EL Olivenöl

200 g Salat

4 Plastikpipetten (optional)

Die Taube entbeinen (oder vom Metzger vorbereiten lassen) und das Fleisch in kleine Stücke schneiden. Die Schalotte schälen und fein würfeln, dann die Totentrompeten und die glatte Petersilie klein hacken.

Die Schalottenwürfel in der Pfanne zusammen mit 1 walnussgroßen Stück Butter, 1 Prise Salz und dem Honig 3 Minuten bei mittlerer Temperatur andünsten. Die Totentrompeten hinzufügen und weitere 3 Minuten dünsten.

Für die Füllung Kalbshack, Taubenstücke, gedünstete Schalottenwürfel, Petersilie und Totentrompeten in einer Schüssel vermengen.

Den Backofen auf 180 °C vorheizen. Aus dem ersten Mürbeteig einen Kreis ausschneiden, der etwas größer als die Tarte-Form ist, aus dem zweiten Mürbeteig einen etwas kleineren Kreis als Deckel für die Pastete formen. Den großen Teigkreis so in die Tarte-Form legen, dass auch der Rand mit Teig ausgekleidet ist. Die Füllung auf den Teigboden geben, dann die Pastete mit dem zweiten, kleineren Kreis bedecken. Die Oberfläche mehrmals einstechen, damit beim Backen der Dampf entweichen kann.

Das Ei verquirlen. Die Pastete mit der Eimasse einpinseln, 20 Minuten im Backofen backen. Aus den Mürbeteigresten eine Krone formen, ebenfalls mit etwas verquirltem Ei bestreichen und 10 Minuten im Ofen backen.

In einer Schüssel den Reisessig mit der lila Lebensmittelfarbe und dem Olivenöl verrühren, salzen und pfeffern. Den Salat mit der Vinaigrette vermengen oder die Vinaigrette in Plastikpipetten füllen.

Die Taubenpastete in vier Stücke schneiden und zusammen mit dem Salat servieren.

Achtung, Spoiler!

Es herrscht Festtagsstimmung in Königsmund, der Hauptstadt von Westeros. Starks, Lennisters, Tyrells … alle großen Familien des Königsreichs sind zugegen, um die Hochzeit des Königs mit großem Pomp zu feiern. Doch für einige von ihnen wird die Zeremonie ein dramatisches Ende nehmen. „Valar Morghulis!"

GAME OF THRONES
Dessert-Trio „Westeros"

FÜR 4 PERSONEN

Zubereitungszeit:
1 Stunde 30 Minuten

Garzeit: 1 Stunde

**Für die Halbmonde
mit Pflaumenfüllung
„Rosengarten"**

3 Eier

100 g extrafeiner Zucker

100 g gemahlene Mandeln

100 g Butter, zerlassen

4 Trockenpflaumen

2 EL Rosinen

2 getrocknete Feigen

4 Walnüsse

fein abgeriebene Schale von 1
unbehandelten Orange

1 Mürbeteig (aus dem
Kühlregal)

Für die Halbmonde mit Pflaumenfüllung den Backofen auf 180 °C vorheizen. Für die Mandelcreme 2 Eier und den Zucker in eine Schüssel geben und mit dem Schneebesen aufschlagen. Die gemahlenen Mandeln und die zerlassene Butter zugeben und gründlich untermischen.

Die Trockenfrüchte in kleine Stücke schneiden und die Walnüsse hacken, dann mit dem Orangenabrieb unter die Mandelcreme rühren.

Aus dem Mürbeteig kleine Kreise ausschneiden, mittig je 1 Esslöffel Mandelcremefüllung daraufgeben, dann die Teigkreise so einklappen, dass kleine Halbmonde entstehen. Den Rand fest zusammendrücken, bei Bedarf leicht mit den Fingern anfeuchten, dann lassen sich die Halbmonde besser verschließen. Das restliche Ei mit einer Gabel verquirlen. Die Halbmonde mit der Eimasse einpinseln, dann im Backofen 20 Minuten backen.

Für die Weincreme die Butter in Stücke schneiden und bei Zimmertemperatur 30 Minuten ruhen lassen. Anschließend mit den Eigelben und 4 Esslöffeln Weißwein verrühren, dann den Zucker zugeben und mit dem Schneebesen untermischen. Die Brioches und die Buttermasse mit der Küchenmaschine gut durchmixen.

Für die Creme aus Dorne-Wein

150 g Butter

6 Eigelb

1 Flasche trockener Weißwein

200 g extrafeiner Zucker

150 g Brioches

1 Msp. gemahlener Safran

**Für das Schattenwolf-Brot
von Heiße Pastete**

300 g Brioches

4 EL Milch

50 g gemahlene Mandeln

1 Tütchen Backpulver

3 Eigelb

1 Msp. gemahlener Zimt

1 Msp. gemahlener Sternanis

1 EL Honig

Salz

Den restlichen Weißwein in einem Topf 10–15 Minuten kochen lassen, damit der Alkohol verfliegt. Den Brioche-Butter-Mix hinzufügen und unter ständigem Rühren mit einem Schneebesen etwa 5 Minuten köcheln lassen, bis die Creme leicht eindickt. Danach den Safran zugeben, umrühren und abkühlen lassen. Die Weincreme auf kleine Dessertgläser verteilen.

Für das Brot von Heiße Pastete den Backofen auf 180 °C vorheizen. Sämtliche Zutaten zusammen mit 4 Esslöffeln Wasser mit der Küchenmaschine zu einem Teig verarbeiten. Falls der Teig zu sehr an den Fingern klebt, noch etwas Mehl unterkneten. Aus dem Teig kleine wolfsförmige Gebäckstücke formen und mit einer Gabel oder einem Messer mehrmals einstechen.

Die Gebäckstücke auf einem mit Backpapier ausgelegten Backblech verteilen und 15–20 Minuten im Backofen backen.

Zum Dessert-Trio noch ein Heißgetränk servieren, und schon steht deinem *coffee break made in Westeros* nichts mehr im Wege!

Achtung, Spoiler!

Hat man dich etwa zur Nachtwache an der Mauer beordert? Dann pack dir doch, bevor du aufbrichst, noch schnell etwas Dessert als Wegzehrung ein! Die Qualität des Dorne-Weins ist ja schon hinlänglich bekannt. Die Sonne in Rosengarten hat auch dieses Jahr wieder für eine üppige Obsternte gesorgt. Und der Waisenjunge Heiße Pastete backt immer noch sein berühmtes Schattenwolf-Brot in der Taverne. Gute Reise, *and now your watch begins* …!

THE BIG BANG THEORY
Pad Thai unter Freunden

FÜR 4 PERSONEN

Zubereitungszeit: 1 Stunde

Garzeit: 20 Minuten

250 g Reisnudeln

2 EL Tamarindenpaste

150 g Tofu natur

2 Frühlingszwiebeln

2 Schalotten

100 g ungesalzene Erdnüsse

Sonnenblumenöl

12 Garnelen, geschält

*2 EL Nuoc Mam
(vietnamesische Fischsauce, im
Asia-Laden erhältlich)*

8 EL brauner Zucker

2 Eier

150 g frische Sojasprossen

Salz und Pfeffer

1 Msp. Piment d'Espelette

Saft von 1 Limette

Die Reisnudeln 15 Minuten in kaltem Wasser einweichen. Die Tamarindenpaste 10 Minuten in einem Glas mit heißem Wasser auflösen. Den Tofu in Würfel schneiden. Frühlingszwiebeln und Schalotten klein schneiden. Die Erdnüsse grob zerstoßen.

In einem Wok 2 Esslöffel Sonnenblumenöl erhitzen, bis das Öl schön heiß ist. Die Tofuwürfel und die Garnelen hineingeben und 1 Minute anbraten, in einer Schüssel beiseitestellen.

Bei Bedarf noch etwas Öl in den Wok gießen; sobald es schön heiß ist, Frühlingszwiebeln und Schalotten darin 2 Minuten dünsten. Anschließend das Tamarindenwasser, die Nuoc-Mam-Sauce und den braunen Zucker untermischen. Einköcheln lassen, bis die Mischung leicht karamellisiert. Reisnudeln hinzufügen, umrühren und etwa 2 Minuten köcheln lassen, bis die Nudeln gar sind (falls nötig, noch etwas Wasser zugießen).

In der Zwischenzeit die Eier verquirlen und unter ständigem Rühren in einer Pfanne garen, sodass Rührei entsteht.

Das Rührei zusammen mit den Sojasprossen, Erdnüssen, Tofuwürfeln und Garnelen unter die Zutaten im Wok mischen. Etwa 1 Minute rühren, bis alles gut erhitzt und gründlich durchgemischt ist.

Mit Salz und Pfeffer abschmecken und nach Belieben mit Piment d'Espelette und Limettensaft verfeinern.

Pad Thai in kleinen Schalen anrichten oder, wenn du Take-Away-Feeling haben möchtest, auf 4 Asia-Nudelboxen aus Papier verteilen.

Achtung, Spoiler!

Sheldon und Leonard laden regelmäßig Freunde zu sich nach Hause ein, um gemeinsam Gerichte von ihrem Lieblings-Asia-Imbiss zu essen. Warum auch nicht? Als Geek kann man durchaus Gefallen daran finden, im Wohnzimmer auf Klingonisch über Politik zu diskutieren. „Bazinga!"

THE BIG BANG THEORY
The Cheesecake Factory

FÜR 8 PERSONEN

Zubereitungszeit: 30 Minuten

Backzeit: 40 Minuten

Ruhezeit: mindestens 4 Stunden

Für den Keksboden

200 g Spekulatius

80 g Butter

Für die Creme

2 Eier

160 g extrafeiner Zucker

Saft von 1 Limette

500 g Mascarpone

300 g Frischkäse

1 EL Vanilleextrakt

Den Backofen auf 180 °C vorheizen.

Für den Keksboden die Spekulatius in der Küchenmaschine zerkrümeln, in einer Schüssel beiseitestellen. Die Butter in der Mikrowelle zum Schmelzen bringen. Zu den Spekulatiuskrümeln geben und mit einem Küchenlöffel verrühren.

Die Keksmasse in eine Käsekuchenform füllen und mit einem Löffel fest andrücken. Im Backofen 10 Minuten backen. Den Keksboden kurz abkühlen lassen.

Für die Creme die Eier mit dem Zucker leicht schaumig schlagen. Den Limettensaft untermischen. Mascarpone, Frischkäse und Vanilleextrakt hinzufügen und erneut umrühren.

Die Backofentemperatur auf 150–160 °C reduzieren. Die Mascarpone-Frischkäse-Masse auf dem Keksboden verstreichen, den Kuchen im Backofen 30 Minuten backen. Der Cheesecake ist fertig, wenn er in der Mitte noch nicht ganz durchgebacken ist und noch leicht wabbelt.

Den Cheesecake vor dem Verzehr mindestens 4 Stunden im Kühlschrank ruhen lassen.

Achtung, Spoiler!

Wenn ihr mal nach Pasadena kommt, müsst ihr unbedingt bei Penny in der Cheesecake Factory vorbeischauen und die Spezialität des Hauses probieren: Käsekuchen!

... COMPUTERSPIELE

MINECRAFT

Gebratener Fisch mit „Goldenen Karotten", Kürbis und Rote-Bete-Sauce

FÜR 4 PERSONEN

Zubereitungszeit: 40 Minuten

Garzeit: 45 Minuten

4 Goldbrassen

Olivenöl

Salz und Pfeffer

1 EL gekörnte Geflügelbrühe

200 g gekochte, geschälte Rote Bete

1 EL Senf

2 EL Balsamico

250 g Bulgur

400 g Kürbis

1 walnussgroßes Stück Butter plus 20 g Butter zum Karamellisieren der Karotten

4 gelbe Karotten

1 EL extrafeiner Zucker zum Karamellisieren der Karotten

Den Backofen auf 180 °C vorheizen.

Die Goldbrassen filetieren (ggf. vom Fischhändler vorbereiten lassen). Mit einer Fischpinzette die Gräten entfernen. In einer Pfanne 1 Schuss Olivenöl erhitzen, darin die Fischfilets auf der Hautseite 1 Minute anbraten, mit Salz und Pfeffer würzen. Danach etwa 5 Minuten im Backofen fertig garen. Wenn sich an den Filets Bläschen bilden, sind die Goldbrassen fertig.

Die gekörnte Geflügelbrühe in ein Glas Wasser einrühren. In einen Topf gießen. Die Rote Bete in Würfel schneiden und mit in den Topf geben. Das Ganze 10 Minuten bei mittlerer Temperatur köcheln lassen. Senf und Balsamico hinzufügen, dann die Sauce mit einem Stabmixer fein pürieren und mit Salz und Pfeffer abschmecken.

1 Liter Salzwasser in einem Topf zum Kochen bringen, den Bulgur hineingeben und 10 Minuten köcheln lassen.

Das Kürbisfleisch in kleine Würfel schneiden. In einer Pfanne zusammen mit dem Stück Butter bei hoher Temperatur anbraten, danach salzen und pfeffern.

Die gelben Karotten karamellisieren (siehe dazu S. 12).

Die Rote-Bete-Sauce auf 4 Teller verteilen, obenauf die Fischfilets arrangieren und ringsherum das Gemüse und den Bulgur anordnen.

Cheat note

Für dieses Rezept musst du Gegenstände in der Werkbank craften, ist doch klar! Die Zutaten dafür lassen sich leicht beschaffen, dabei auf keinen Fall die Goldklumpen und die Holzkohle vergessen. Das fertige Gericht ist bestens geeignet, um deine Hungerleiste aufzufüllen und Sättigungspunkte zu regenerieren.

MINECRAFT
Kekse mit Schokoladenstückchen

ERGIBT CA. 20 KEKSE

Zubereitungszeit: 30 Minuten

Backzeit: 10–15 Minuten

250 g Butter

2 Eier

200 g brauner Zucker

1 TL Backpulver

380 g Mehl

150 g Schokoladenstückchen

50 g Sesamkörner

Den Backofen auf 200 °C vorheizen.

Die Butter in einem Topf oder in der Mikrowelle zum Schmelzen bringen. Eier und braunen Zucker in einer Schüssel mit einem Schneebesen kräftig aufschlagen, bis die Masse leicht schäumt. Die zerlassene Butter und das Backpulver zugeben, dann nochmals aufschlagen. Anschließend schrittweise das Mehl einarbeiten. Zum Schluss die Schokoladenstückchen und die Sesamkörner untermischen.

Aus dem Teig etwa 20 gleich große Kugeln formen. Auf einem mit Backpapier ausgelegten Backblech verteilen und leicht flach drücken.

Die Schoko-Kekse in den Backofen schieben und 10–15 Minuten backen. Vor dem Verzehr abkühlen lassen.

Cheat note

Auch wenn man die Kekse durch den Handel mit Dorfbewohnern kaufen kann, ist es in der Regel interessanter, sie mithilfe von Weizen und Kakaobohnen selbst herzustellen. Die Kekse regenerieren zwar nur wenige Hunger- und Sättigungspunkte (dafür gibt es ja bereits das Gericht auf S. 62!), aber der eine oder andere süße Snack darf schließlich auch nicht fehlen!

THE LEGEND OF ZELDA
Omas Flaschen-Suppe

FÜR 4 PERSONEN

Zubereitungszeit: 30 Minuten

Garzeit: 30 Minuten

2 Karotten

1 Zwiebel

1 gelbe Paprikaschote

400 g Butternusskürbis

1 EL gekörnte Geflügelbrühe

Olivenöl

Salz und Pfeffer

1 EL Honig

200 g Sahne (30% Fett)

Die Karotten und die Zwiebel schälen. Die Paprikaschote und den Butternusskürbis ebenfalls schälen, dann die Kerne entfernen. Sämtliches Gemüse in Würfel schneiden.

Für die Geflügelbrühe die gekörnte Brühe in eine Schüssel geben und ein wenig Wasser zugießen. Verrühren, dann 1 Liter Wasser hinzufügen.

In einem Topf 1 Schuss Olivenöl erhitzen und die Zwiebelwürfel mit 1 Prise Salz hineingeben. 1 Minute andünsten, danach den Honig zufügen. Karotten-, Paprika- und Kürbiswürfel sowie 1 zweite Prise Salz in den Topf geben. Das Ganze bei mittlerer Temperatur 5–10 Minuten garen. Den Liter Geflügelbrühe zugießen, zum Sieden bringen und etwa 20 Minuten köcheln lassen. Die Sahne unterziehen und die Suppe mit einem Stabmixer fein pürieren.

Wenn die Suppe zu sämig ist, noch etwas Wasser angießen. Wenn sie zu flüssig ist, kannst du sie zum Reduzieren noch etwas einköcheln lassen. Bei Bedarf mit Salz und Pfeffer nachwürzen und die Suppe sofort servieren.

Cheat note

Hierbei handelt es sich um Links Lieblingssuppe. Seine Großmutter hat sie für ihn gekocht, als Dank dafür, dass er sie geheilt hat. Die Suppe regeneriert seine Herz- und seine Magieleiste und wird in Flaschen abgefüllt, die jeweils zwei Portionen des Elixiers enthalten – so bist du bestens gerüstet, um dich auf die Suche nach den Fragmenten des Triforce zu machen!

THE LEGEND OF ZELDA

Putput-Früchte mit Karamellsauce

FÜR 4 PERSONEN

Zubereitungszeit: 1 Stunde

Garzeit: 1 Stunde

Ruhezeit: 15 Minuten

Für die pochierten Birnen

1 Orange

50 g extrafeiner Zucker

1 Flasche Weißwein

1 Msp. Zimt

1 Msp. gemahlener Sternanis

1 Msp. Quatre-Épices-Gewürzmischung

1 Msp. ungesüßtes Kakaopulver

1 Vanillestange

4 Birnen

Für die pochierten Birnen die Orange mitsamt der Schale halbieren. Aus einer Hälfte den Saft auspressen und die andere Hälfte in Scheiben schneiden.

Den Zucker in einem Topf erhitzen, bis eine bernsteinfarbene Karamellmasse entstanden ist. Danach den Weißwein und den Orangensaft hinzufügen und mit einem Schneebesen vorsichtig untermischen. Orangenscheiben, Gewürze und Kakaopulver zugeben, dann das Ganze zum Sieden bringen. Die Vanillestange längs aufschneiden, das Mark auskratzen, Vanillestange und Vanillemark zum Wein in den Topf geben.

Die Birnen schälen und in den heißen Wein legen. Alles zusammen 20–30 Minuten köcheln lassen, dabei die Birnen regelmäßig wenden und mit heißem Wein begießen, damit die Früchte von allen Seiten gleich gut garen. Wenn ein mittig in eine Birne gestochenes Messer problemlos hineingleitet, sind die Birnen fertig.

Mithilfe eines Melonenausstechers 3 Vertiefungen in den Birnen formen, damit sie wie Putput-Früchte aussehen.

Für die Karamellsauce

180 g Sahne (30% Fett)
160 g extrafeiner Zucker
80 g leicht gesalzene Butter

Für den Crumble-Teig

25 g Butter
20 g extrafeiner Zucker
20 g Mehl
25 g gemahlene Mandeln
50 g grüne Pistazienkerne

Für die Karamellsauce in einem kleinen Topf die Sahne erhitzen. In einem weiteren Topf den Zucker zu Karamell kochen. Sobald eine bernsteinfarbene Karamellmasse entstanden ist, unter vorsichtigem Rühren mit einem Schneebesen schrittweise die Sahne untermischen. Die Butter in kleine Stücke schneiden und ebenfalls untermischen. Achtung: Die Farbe des gekochten Zuckers sagt etwas über den Geschmack des Karamells aus – je dunkler der Bernsteinton ist, desto bitterer schmeckt das Karamell am Ende.

Für den Crumble-Teig den Backofen auf 200 °C vorheizen. Die Butter in Würfel schneiden. Butterwürfel, Zucker, Mehl und gemahlene Mandeln in einer Schüssel mit den Händen vermischen und zu Streuseln zerkrümeln. Die Streusel auf einem Backblech verteilen und 15 Minuten in den Kühlschrank stellen. Das Blech in den Backofen schieben und die Streusel 10 Minuten backen, danach abkühlen lassen. In der Zwischenzeit die Pistazienkerne grob hacken.

Die gehackten Pistazien vor dem Anrichten mit den Crumble-Streuseln vermischen. Jeden Teller mit etwas Karamellsauce beträufeln, obenauf die pochierte Birne anordnen und die Crumble-Streusel darübergeben.

Cheat note

Die sonderbaren Putput-Früchte, die du bei einem fliegenden Terri-Händler kaufen kannst, weisen eine gewisse Ähnlichkeit mit einer Birne auf. Mit ihrer Hilfe kannst du Möwen anlocken und leichter an schwer erreichbare Objekte kommen.

FINAL FANTASY

Pilz-Kohlrouladen mit Karotten aus Coerthas und Süßkartoffeln

FÜR 4 PERSONEN

Zubereitungszeit:
1 Stunde 30 Minuten

Garzeit: 30 Minuten

8 Wirsingblätter

1 Zwiebel

500 g Champignons

1 EL gekörnte Brühe

200 g Speckwürfel

80 g Butter

4 Karotten

1 EL extrafeiner Zucker zum Karamellisieren

800 g Süßkartoffeln

1 EL grobkörniges Salz

1 Tonkabohne (aus dem Gewürzladen)

Salz und Pfeffer

In einem Topf 1 Liter Salzwasser zum Kochen bringen. Die Kohlblätter darin 2 Minuten blanchieren, dann herausnehmen und in eine große Schüssel mit kaltem Wasser tauchen.

Die Zwiebel schälen und in kleine Würfel schneiden. Die Champignons putzen und vierteln. Die gekörnte Brühe in ein Glas heißes Wasser rühren.

Die Speckwürfel in einer Pfanne ohne Fett anbraten. Die Zwiebelwürfel zugeben und 3 Minuten dünsten. Die Champignons hinzufügen und ebenfalls 3 Minuten dünsten. Das Glas Brühe zugießen und einköcheln lassen.

Eine gefettete Halbkugelform oder eine kleine gefettete Schüssel mit 1 bis 2 Kohlblättern auslegen. Diese dann mit dem Champignon- Zwiebel-Mix füllen. Die Füllung fest andrücken, die Kohlblätter seitlich einschlagen und aufrollen. Die Form bzw. die Schüssel wenden, um die Kohlroulade herauszunehmen. Die übrigen drei Kohlrouladen ebenso zubereiten.

Die Karotten karamellisieren (siehe dazu S. 12).

Die Süßkartoffeln schälen und in Würfel schneiden. In einem Topf mit Wasser bedecken, grobkörniges Salz hineingeben und 12 Minuten kochen. Süßkartoffeln abtropfen lassen, zusammen mit der restlichen Butter zurück in den Topf geben und zu einem Püree verarbeiten. Die Tonkabohne darüberreiben, mit Salz und Pfeffer würzen und alles miteinander vermischen.

Auf einer Seite des Tellers die Kohlroulade anrichten und ringsherum ein paar Kleckse Püree sowie das Gemüse arrangieren.

Cheat note

Diese mit Pilzen gefüllten Kohlrouladen sind das ideale Gericht, um bestimmte Attribute des eigenen Charakters zu verbessern (Entschlossenheit + 4%, Konstitution + 3%, Kritische Treffer + 2%). Damit die Kohlroulade gleich noch mal so gut schmeckt, einfach eine Karotte aus Coerthas und Süßkartoffeln dazu servieren.

FINAL FANTASY
La-Noscea-Toasts mit Glühtee

FÜR 4 PERSONEN

Zubereitungszeit: 30 Minuten

Garzeit: 20 Minuten

Für die Noscea-Toasts

2 Eier

400 ml Milch

3 EL Ahornsirup

1 Vanillestange

4 Scheiben leicht altbackenes Weißbrot

Olivenöl

2 Mozzarella-Kugeln

8 Walnüsse

Für den Glühtee

4 Kardamomkapseln

10 g frische Ingwerwurzel

1 Prise Zimt

1 Sternanis

2 Gewürznelken

4 Beutel Schwarztee

1 Msp. Piment d'Espelette

Für die Noscea-Toasts in einer Schüssel die Eier verquirlen. Die Milch und den Ahornsirup zugießen. Die Vanillestange längs aufschneiden, dann das Mark auskratzen und in die Schüssel geben. Alles miteinander vermischen.

Die Brotscheiben von allen Seiten in den Eier-Milch-Mix tunken, sodass sie sich gut damit vollsaugen.

In einer Pfanne 1 Schuss Olivenöl erhitzen. Die Brotscheiben hineinlegen und von beiden Seiten je 4 Minuten goldbraun braten.

Die Mozzarella-Kugeln in Scheiben schneiden. Die Walnüsse grob hacken.

Für den Glühtee die Kardamomkapseln zerstoßen. Die Ingwerwurzel schälen und klein hacken. 1 Liter Wasser, Zimt, Sternanis, Ingwer, Gewürznelken und Kardamom in einen Topf füllen und erhitzen. 10 Minuten kochen lassen. Die Teebeutel zugeben und 3 Minuten ziehen lassen, dann Piment d'Espelette hinzufügen.

Den Tee durch ein Sieb gießen, um die Gewürze und die Ingwerstückchen zu entfernen, danach servieren. Die Toasts mit einigen Mozzarella-Scheiben belegt und mit Walnüssen bestreut auf Tellern anrichten.

Cheat note

Um deine Mahlzeit abzuschließen und zur Gilde zurückzukehren, solltest du Kurs auf Ul'dah nehmen und dir einen leckeren Glühtee genehmigen (Frömmigkeit + 4%, Konstitution + 3%, Zaubertempo + 2%). Aber vielleicht willst du ja auch lieber noch mal in der Taverne Carline Canopy vorbeischauen und bei Mother Miounne einen La-Noscea-Toast verdrücken (Parade + 4%, Konstitution + 3%, Präzision + 2%)?

... COMICS UND
ANIMATIONSFILME

THE WALKING DEAD

Rohes Tatar mit Sojamayonnaise

FÜR 4 PERSONEN

Zubereitungszeit: 1 Stunde
Garzeit: 10 Minuten

Für das Tatar

600 g Rumpsteak

1 Schalotte

4 Gewürzgurken

30 g Kapern

1 Zweig glatte Petersilie

3 EL Sesamöl

8 Tropfen Tabasco®-Sauce

3 EL Worcestershire-Sauce

Piment d'Espelette

Salz

Für die Sojamayonnaise

3 EL Creme Vega®

1 EL Senf

150 ml Traubenkernöl

Salz und Pfeffer

Für die Beilagen

1 Daikon-Rettich
(weißer Rettich)

4 Radieschen

4 Kartoffeln

1 TL Salz

40 g Butter

Für das Tatar das Rindfleisch mit einem scharfen Messer in 2–5 Millimeter kleine Würfel schneiden. Die Schalotte schälen und ebenfalls in kleine Würfel schneiden. Gewürzgurken, Kapern und glatte Petersilie klein hacken. Die Zutaten für das Tatar in eine Schüssel füllen, dann das Sesamöl, die Tabasco- und die Worcestershire-Sauce sowie etwas Piment d'Espelette zugeben und alles miteinander vermischen. Nach Belieben mit Salz abschmecken.

Für die Sojamayonnaise die Creme Vega® und den Senf in einer Schüssel kräftig verquirlen. Nach und nach das Traubenkernöl zugießen und dabei kräftig weiterschlagen. Salzen und pfeffern.

Die Beilagen vorbereiten: Den Daikon-Rettich in längliche Streifen schneiden, sodass dünne Rettich-Tagliatelle entstehen. Diese zu kleinen Ringen formen. Die Radieschen in feine Scheiben schneiden. Die Kartoffeln schälen und in große Stücke schneiden.

Die Kartoffeln in einem Topf mit Wasser bedecken und das Salz hinzufügen. Aufkochen und 10 Minuten köcheln lassen.

Die gekochten Kartoffeln mit Heu räuchern (siehe dazu S. 14). Die Kartoffeln bei mittlerer Temperatur zurück in den Topf geben. Mit einer Gabel zu einem stückigen Püree stampfen, die Butter zugeben und mit Salz und Pfeffer abschmecken.

Tatar, einige Kleckse Mayonnaise sowie die Gemüsebeilagen appetitlich auf einem Teller anrichten.

Comic note

Gar nicht so einfach, aus rohem verwestem Fleisch ein gastronomisches Gericht zu zaubern! Man nehme ein *Comic Book*, ein paar Zombies und eine Prise Wahnsinn und vermische alles miteinander. Nachdem Rick so gekämpft hat, um die Sicherheit der kleinen Gruppe Überlebender zu gewährleisten, hat er sich ein paar Minuten Pause und eine kleine Stärkung in Form dieses Tatars mehr als verdient. Anschließend kann er sich dann wieder auf die Suche nach der perfekten Unterkunft machen.

THE WALKING DEAD

Gelatiniertes Rosen-Litschi-Auge und Zombiefinger mit blutiger Sauce

FÜR 4 PERSONEN

Zubereitungszeit: 1 Stunde

Garzeit: 1 Stunde

Für das gelatinierte Auge

4 Blatt Gelatine

50 ml Rosenwasser

rosa Lebensmittelfarbe

1 EL extrafeiner Zucker

4 Litschis, geschält

4 dunkle Weintrauben

neutrales Speiseöl

Für die Zombiefinger

2 Äpfel

1 Blätterteig (möglichst rechteckig ausgerollt)

3 EL brauner Zucker

12 ganze Mandeln

1 Ei

Für die blutige Sauce

75 g Himbeeren

75 g Johannisbeeren

200 ml Rote-Bete-Saft (in Bio-Qualität)

25 g extrafeiner Zucker

Für das gelatinierte Auge die Gelatineblätter 15 Minuten in einer Schüssel mit kaltem Wasser einweichen. 150 Milliliter Wasser, das Rosenwasser, 1 Tropfen rosa Lebensmittelfarbe und den Zucker in einem Topf erhitzen. Sobald das Ganze siedet, den Herd ausschalten, Gelatineblätter ausdrücken und mit in den Topf geben. Umrühren, bis die Gelatine sich aufgelöst hat. Die Litschis mit je 1 Weintraube füllen.

4 Eiskugelformen mit Öl einfetten, damit die gelatinierten Augen sich hinterher leichter aus der Form nehmen lassen. Die Rosenwasser-Gelatine-Mischung in die Formen gießen und jede Form mit einer Litschi samt Weintraube versehen. Die Formen in den Kühlschrank stellen, damit die Gelatine fest wird.

Für die Zombiefinger den Backofen auf 170 °C vorheizen. Die Äpfel schälen und in dünne Scheiben schneiden. Die Scheiben in eine Glasschüssel geben und 1 Minute in der Mikrowelle erhitzen, damit sie weich werden. Den Blätterteig in 12 Rechtecke schneiden.

Die Teigrechtecke mit den weichen Apfelscheiben belegen und mit dem braunen Zucker bestreuen, danach einrollen, sodass kleine Finger entstehen. Am einen Ende der Finger jeweils 1 Mandel als Fingernagel platzieren. Um die Fingerglieder zu markieren, den Teig leicht einschneiden. Das Ei in einer Schüssel verquirlen und die Blätterteigfinger einpinseln. Die Finger im Ofen 20–25 Minuten backen.

Für die blutige Sauce die roten Früchte waschen und die Johannisbeeren von den Stielen ablösen. Den Rote-Bete-Saft, die roten Früchte und den Zucker in einem Topf 10 Minuten bei mittlerer Temperatur köcheln lassen. Das Ganze pürieren und durch ein Spitzsieb gießen, um die Kerne zu entfernen.

1 Löffel Sauce so auf dem Teller verteilen, dass es wie Blutspritzer aussieht. Anschließend pro Teller 3 Blätterteigfinger und ein gelatiniertes Auge anrichten.

Comic note

Das Zusammenleben mit Zombies ist nicht immer ganz einfach – vor allem dann, wenn sie nichts anderes im Sinn haben, als einen zu fressen. Wenn also eine Gruppe hochanständiger Menschen auf eine Horde ekliger Untoter trifft, kann das nur mit Blutvergießen enden!

POKÉMON

Karpador mit Chorizo-Sauce

FÜR 4 PERSONEN

Zubereitungszeit:
1 Stunde 30 Minuten

Garzeit: 45 Minuten

1 Ei

1 Fertigblätterteig

1 Karotte

1 Zwiebel

1 Zucchini

1 Aubergine

Olivenöl

*1 Knoblauchzehe, geschält
und gehackt*

Salz und Pfeffer

4 Mini-Paprikaschoten

*100 g Chorizo am Stück
(spanische Paprikawurst)*

200 g Sahne (30% Fett)

1 EL gekörnte Geflügelbrühe

Den Backofen auf 180 °C vorheizen. Das Ei mit einer Gabel verquirlen. Aus dem Blätterteig eine Krone ausschneiden, die die Rückenflosse des Karpadors bilden wird. Danach eine lange Bartel formen. Die Rückenflossen und die Barteln für die übrigen Teller auf die gleiche Weise herstellen. Die Blätterteigdeko auf einem mit Backpapier belegten Backblech verteilen und mit dem verquirlten Ei bestreichen. 5–10 Minuten backen, bis der Blätterteig goldbraun ist, dann aus dem Ofen nehmen.

Die Ofentemperatur auf 160 °C reduzieren. Die Karotte und die Zwiebel schälen, dann die Karotte, die Zucchini, die Aubergine und die Zwiebel in sehr kleine Würfel schneiden.

1 Schuss Olivenöl in einer Pfanne zusammen mit den Knoblauchstückchen erhitzen, Zwiebelwürfel und 1 Prise Salz zugeben und 3 Minuten dünsten. Beiseitestellen.

Das Gemüse nacheinander in einer Pfanne mit je 1 Schuss Olivenöl und 1 Prise Salz bei hoher Temperatur anbraten. Es ist wichtig, die verschiedenen Gemüsesorten separat zu braten, da sie unterschiedliche Garzeiten haben (für die Zucchini- und die Auberginenwürfel musst du 2–3 Minuten ansetzen, für die Karottenstücke 4–5 Minuten). Das gebratene Gemüse in die Schüssel mit den Zwiebelwürfeln füllen und alles gründlich vermengen.

8–12 Rotbarbenfilets

8 Radieschen

12 Kirschtomaten, halbiert

Falls nötig, mit Salz und Pfeffer nachwürzen. Die Haut der Mini-Paprikaschoten möglichst mit einem Tomatenschäler abziehen, dann das obere Ende abschneiden und die Kerne entfernen. Die vorbereitete Mini-Ratatouille-Füllung hineingeben. Die gefüllten Paprikaschoten im Backofen 10 Minuten garen.

Die Haut der Chorizo abziehen und die Wurst fein würfeln. Sahne und Chorizo-Würfel in einen Topf geben. Zum Kochen bringen, dann den Herd ausschalten. Den Deckel auflegen und das Ganze 10 Minuten durchziehen lassen. Die gekörnte Geflügelbrühe in 100 Milliliter heißes Wasser einrühren. Zur Sahne-Chorizo-Mischung gießen, mit einem Pürierstab durchmixen, die Sauce aufkochen und durch ein Edelstahl-Spitzsieb filtern.

In einer Pfanne 1 Schuss Olivenöl erhitzen, die Rotbarbenfilets hineingeben und von beiden Seiten je 2 Minuten anbraten.

Für die „Radieschen-Schuppen" die Radieschen in feine Scheibchen schneiden und auf den Rotbarbenfilets anordnen.

Die Rotbarbenfilets auf der Sauce anrichten, die gefüllten Paprikaschoten in der Tellermitte platzieren und zum Schluss mit den Kirschtomaten sowie den Blätterteig-Elementen dekorieren.

Comic note

Wer würde nicht gerne im Sommer ein niedliches Pokémon an der Leine spazieren führen – und sei es nur, um vor seinen Freunden anzugeben. Wenn es sich bei dem kleinen Wesen aber um ein Karpador handelt, brauchst du deine Tischnachbarin vom Englischkurs gar nicht erst anzubaggern, sie wird dich sowieso für einen Loser halten. Doch bevor du dich auf die Suche nach einem passenden Pokémon machst, solltest du Karpador mit Chorizo-Sauce probieren – auf dem Teller macht der Fisch eindeutig die beste Figur!

POKÉMON

Pokéball-Baisers

FÜR 4 PERSONEN

Zubereitungszeit: 1 Stunde

Backzeit: 2 Stunden

Für die Baisermasse

5 Eiweiß (Größe M)

90 g extrafeiner Zucker

1 Msp. rotes Lebensmittelpulver

Für die Cremefüllung

250 g Sahne (30% Fett)

250 g Mascarpone

40 g extrafeiner Zucker

100 g Milchschokolade
mit Karamellgeschmack

100 g Erdnüsse

4 Gummibärchen

100 g schwarze Zuckerpaste

Für die Baisermasse den Backofen auf 80 °C vorheizen. Das Eiweiß mithilfe einer Küchenmaschine oder eines elektrischen Handrührgeräts schaumig schlagen, dann 45 Gramm Zucker einrieseln lassen. Die restlichen 45 Gramm Zucker zugeben, sobald das Eiweiß fest zu werden beginnt. So lange weiterschlagen, bis eine glänzende Baisermasse entstanden ist. Die Hälfte des Baisers in eine Schüssel füllen und das rote Lebensmittelpulver untermischen.

Die beiden Baisermassen so in eine Kugelform geben, dass später noch genug Platz für die Füllung bleibt. Die übrigen Pokéballs auf die gleiche Weise herstellen. Die Kugeln im Backofen mindestens 2 Stunden backen.

Für die Cremefüllung die Sahne mit dem Mascarpone und dem Zucker aufschlagen, bis sie steif ist. Dabei darauf achten, dass sowohl die Rührschüssel als auch die Sahne und der Mascarpone schön kalt sind, damit die Schlagsahne ohne Probleme fest wird.

Die Schokolade in der Mikrowelle oder im Wasserbad zum Schmelzen bringen, dann 2–3 Löffel geschlagene Sahne unterziehen. Die Schokoladenmasse zum Rest der geschlagenen Sahne geben und untermischen.

Die Erdnüsse zerstoßen. Die Baiserkugeln mit je einem Pokémon (Gummibärchen) und der Schokoladencreme versehen, dann mit den Erdnussstückchen bestreuen, um einen festen, knackigen Kern im Inneren der Kugeln zu erhalten. Die Kugeln umdrehen.

Zum Fertigstellen der Pokéballs dünne Nähte aus der schwarzen Zuckerpaste formen.

Comic note

Pokémons zu sammeln, ist eine gute Sache. Noch besser ist es allerdings, wenn man auch weiß, wo man sie verstauen soll. Dem Trainer bieten sich dafür drei Lösungen an: einen Zoo mieten, für jedes Tierchen ein geeignetes Lager einrichten oder sich mit Pokéballs ausrüsten.
Da fällt die Entscheidung nicht schwer, oder?

BATMAN

#Harvey Dent

FÜR 4 PERSONEN

Zubereitungszeit: 45 Minuten

Garzeit: 1 Stunde 45 Minuten

1 EL gekörnte Geflügelbrühe

4 Hähnchenbrustfilets

Salz und Pfeffer

125 g Basmatireis

125 g schwarzer Reis

4 Speiserüben

1 EL extrafeiner Zucker zum Karamellisieren

20 g Butter zum Karamellisieren

1 schwarzer Rettich

grobkörniges Salz

25 g Popcorn-Mais

Olivenöl

30 g Gojibeeren

Für die Colasauce

750 ml Cola

1 EL Balsamico

Lakritzschnecke

2 EL gekörnte Brühe

1 Liter Wasser und die gekörnte Geflügelbrühe in einem Topf erhitzen. Die Hähnchenbrustfilets hineingeben und 15 Minuten köcheln lassen.

Für die Colasauce die Cola in einem Topf so lange einkochen, bis ein Cola-Karamell entstanden ist (es sollten noch etwa 1–2 Esslöffel Flüssigkeit übrig sein!). Den Balsamico und das Stück Lakritzschnecke hinzufügen. Die gekörnte Brühe mit wenig Wasser anrühren, dann 1 Glas Wasser zugießen. Die Brühe zum Cola-Karamell geben und alles zusammen bei mittlerer Temperatur 10 Minuten köcheln lassen.

1 Liter Salzwasser in einem Topf zum Kochen bringen, dann den Basmatireis darin 10 Minuten garen. Den schwarzen Reis abspülen und in einen Topf mit 1 Liter kaltem Salzwasser geben. Das Wasser zum Kochen bringen und den Reis etwa 35 Minuten garen.

Die Speiserüben karamellisieren (siehe dazu S. 12).

Den schwarzen Rettich in dünne Scheiben schneiden. Die Rettichscheiben zusammen mit etwas grobkörnigem Salz in eine Schüssel geben und 20 Minuten ruhen lassen, damit sie Wasser ziehen, dann abspülen und trocken tupfen.

In einem Topf mit Deckel den Mais in 1 Schuss Olivenöl etwa 5 Minuten stark erhitzen, bis Popcorn entstanden ist. Anschließend salzen.

In der Tellermitte die beiden Reissorten mit einer runden Ausstechform nebeneinander anordnen, sodass eine weiße und eine schwarze Hälfte entsteht. Die Hähnchenbrustfilets auf dem Reis anrichten. Auf der einen Seite des Tellers die Rübenkugeln und die eingerollten Rettichscheiben garnieren, auf der anderen Seite das Popcorn, die Cola-Sauce und die Gojibeeren arrangieren.

Comic note

Weißer Reis oder schwarzer Reis? Rüben oder Rettich? Mach es doch einfach wie Two-Face und überlass die Antwort dem Zufall, indem du eine Münze wirfst. Alternativ dazu kannst du aber auch gerne beides zubereiten: Die Black & White-Anordnung bzw. die „helle" und die „dunkle" Seite des Tellers symbolisieren die beiden Hälften von Harvey Dents Persönlichkeit.

BATMAN

#Joker

FÜR 4 PERSONEN

Zubereitungszeit: 1 Stunde
Garzeit: 20 Minuten
Ruhezeit: 50 Minuten

Für die Sauce aus roten Früchten

200 ml Cranberrysaft
100 g Himbeeren
100 g Erdbeeren
1 EL Zucker (optional)

Für das Veilchengelee

4 Blatt Gelatine
1 Schuss Veilchensirup
1 Tropfen lila Lebensmittelfarbe

Für die Pistaziencreme

250 g Mascarpone
2 EL Pistazienmus

Für den Crumble-Teig

20 g extrafeiner Zucker
25 g gemahlene Mandeln
20 g Mehl
25 g Butter
30 g Pistazien, gehackt
30 g Kürbiskerne

Für die Mini-Liebesäpfel

1 Granny-Smith-Apfel
100 g weiße Schokolade
fettlösliche lila Lebensmittelfarbe

Für die Sauce in einem Topf den Cranberrysaft mit den gewaschenen Himbeeren und Erdbeeren erhitzen und 10 Minuten köcheln lassen (ggf. noch 1 Esslöffel Zucker zugeben), danach pürieren.

Für das Veilchengelee die Gelatineblätter 15 Minuten in einer Schüssel mit kaltem Wasser einweichen. 200 Milliliter Wasser mit dem Veilchensirup und der Lebensmittelfarbe erhitzen. Die eingeweichten Gelatineblätter einrühren. In rechteckige Backförmchen füllen und 25 Minuten in den Kühlschrank stellen, damit die Geleemasse fest wird.

Für die Pistaziencreme den Mascarpone und das Pistazienmus aufschlagen, bis eine feste Creme entstanden ist. In einen Spritzbeutel füllen und kalt stellen.

Für den Crumble-Teig den Backofen auf 180 °C vorheizen. Zucker, Mandeln, Mehl und Butter mit den Händen verkneten. Den Teig 15 Minuten im Kühlschrank ruhen lassen, dann zu Streuseln zerkrümeln. Die Teigstreusel 10 Minuten backen. Mit den Pistazien und den Kürbiskernen vermengen.

Für die Mini-Liebesäpfel mit einem Melonenausstecher 4 Granny-Smith-Kugeln formen und mit je 1 kleinen Holzstäbchen versehen. In der Zwischenzeit die weiße Schokolade zum Schmelzen bringen und die lila Lebensmittelfarbe einrühren. Die Apfelkugeln in die gefärbte Schokolade tauchen, dann die Mini-Liebesäpfel 10 Minuten im Kühlschrank kalt stellen, damit die Schokolade fest wird.

In der Mitte des Tellers das Veilchengelee mit der Pistaziencreme verzieren, danach die Teigstreusel darüber verteilen. Daneben einen Mini-Liebesapfel platzieren und am unteren Tellerrand mit der Sauce einen Mund zeichnen, der an das diabolische Grinsen des Jokers erinnern soll.

Comic note

Von allen fiesen Comic-Schurken gehört der Joker sicher zu den gruseligsten. Er ist total verrückt, charismatisch und ein Meister der Pointen – und verfügt so über sämtliche Eigenschaften, die man als Batmans Lieblingsfeind Nr. 1 braucht.

Snacks für einen Fernseh- und Spieleabend unter Geeks

Hier kommen ein paar leckere Snack-Tipps für den nächsten Game-Abend mit deinen Freunden ...

Garnelen-Tempura

FÜR 4 PERSONEN Zubereitungszeit: 10 Minuten Garzeit: 1 Minute
1 Ei, 150 ml Eiswasser, 100 g Mehl, Salz, 1 Eiswürfel, 12 Garnelen, 300 ml Frittieröl

Das Ei und das Eiswasser in einer Schüssel mit dem Schneebesen verquirlen. Nach und nach das Mehl und etwas Salz untermischen, dann den Eiswürfel zufügen.

Die Garnelen schalen.

Das Öl in einem Topf oder einer Fritteuse auf 180 °C erhitzen. Die Garnelen im Teig wenden, bis sie ganz damit überzogen sind, dann ins heiße Öl geben und etwa 1 Minute ausbacken, bis sie eine goldbraune Färbung angenommen haben.

Gemüsedips

FÜR 4 PERSONEN Zubereitungszeit: 15 Minuten
2 Karotten, 8 Radieschen, Salatgurke, 2 EL Mayonnaise, 2 EL Ketchup, Tabasco®-Sauce, 1 EL Whisky (optional), 4 Schnittlauchstängel, 1 Zitrone, 4 EL Quark, Salz und Pfeffer

Das Gemüse putzen, dann mit einem scharfen Messer in dünne Gemüsestifte schneiden.

Für die erste Sauce Mayonnaise, Ketchup, einige Tropfen Tabascosauce und den Whisky (falls gewünscht) in einer Schüssel verrühren.

Für die zweite Sauce den Schnittlauch klein hacken. Die Zitrone auspressen und den Saft auffangen. Quark, Zitronensaft und Schnittlauch in einer Schüssel verrühren. Mit Salz und Pfeffer abschmecken.

Tapenade (schwarze Olivenpaste)

FÜR 4 PERSONEN Zubereitungszeit: 10 Minuten
Knoblauchzehe, 200 g entkernte schwarze Oliven, 1 EL Kapern, 6 Sardellenfilets, 3 EL Olivenöl, 12 Grissinis

Den Knoblauch klein hacken.

Oliven, Kapern, Sardellenfilets, Knoblauch und Olivenöl in den Mixbehälter der

Küchenmaschine füllen und zerkleinern, bis eine glatte Creme entstanden ist.

Mit den Grissini servieren.

Mini-Döner

FÜR 4 PERSONEN Zubereitungszeit: 15 Minuten Garzeit: 5 Minuten
*2 Pitabrote, 8 Hähnchenfiletstücke, 1 EL Olivenöl, Gewürze
(Paprika, Kreuzkümmel, gemahlener Koriander), 1 Tomate, 1 rote Zwiebel,
Knoblauchsauce, 3 Salatblätter*

Die Pitabrote 30 Sekunden in der Mikrowelle aufbacken. In Viertel schneiden.

Die Hähnchenfiletstücke in eine Pfanne mit heißem Olivenöl geben und darin 5 Minuten braten. Reichlich mit Paprika, Kreuzkümmel und gemahlenem Koriander bestreuen (etwa 1 Teelöffel pro Gewürz).

Die Tomate in 8 Scheiben schneiden. Die rote Zwiebel schälen und in Ringe schneiden.

Die Pitabrote auf der Innenseite mit etwas Knoblauchsauce bestreichen und mit je 1 Hähnchenfiletstück, etwas Salat sowie 1 Tomatenscheibe und 1 Zwiebelring füllen.

Käsestangen

FÜR 4 PERSONEN Zubereitungszeit: 10 Minuten Backzeit: 10 Minuten
1 Blätterteig, 100 g geriebener Cheddar, Pfeffer

Den Backofen auf 180 °C vorheizen. Aus dem Blätterteig mit einem Messer etwa 1 Zentimeter breite Streifen ausschneiden.

Die Blätterteigstreifen auf einem mit Backpapier ausgelegten Backblech verteilen. Leicht in sich verdrehen, sodass eine

korkenzieherartige Form entsteht. Mit dem geriebenen Cheddar bestreuen und mit Pfeffer würzen.

Die Käsestangen 10 Minuten im Backofen backen.

Obstsalat mit Piment d'Espelette

FÜR 4 PERSONEN Zubereitungszeit: 10 Minuten
*1 reife Mango, 8 Litschis, 100 g Himbeeren, 200 ml Orangensaft, 4 cl Litschi-Likör (optional),
3 Prisen Piment d'Espelette*

Die Mango schälen und in Würfel schneiden. Die Litschis vierteln. Die Himbeeren waschen.

Obst, Orangensaft und den Litschi-Likör (falls gewünscht) in eine Schüssel geben und

vermengen, dann nach Belieben mit Piment d'Espelette verfeinern.

Den Obstsalat in kleinen Dessertgläsern anrichten.

DANKSAGUNG

Ohne eine Prise Wahnsinn, ein paar schlaflose Nächte und die eine oder andere Begegnung wäre dieses Buch nicht zustande gekommen. Danke an die Éditions Solar, dass sie mir ihr Vertrauen geschenkt und mich bei diesem Abenteuer begleitet haben.
Danke an die Schüler aus meinen Geek-Kochkursen. Danke an Cam und Clem für das abgefahrene Foto zum Vorwort. Und schließlich noch ein Dank an alle, die hier unten bei mir sind, sowie an alle anderen, die da oben auf mich aufpassen.

© 2016 Editions Solar, Paris
Originaltitel: „**La cuisine pour les geeks – J'adore**"
ISBN 978-2-263-14650-3

Programmleitung: Didier Férat
Lektorat: Diane Monserat
Grafik & Konzeption: Julia Philipps
Herstellung: Laurence Duboscq

© der deutschen Ausgabe: Ullmann Medien GmbH

Übersetzung aus dem Französischen: Jutta Schiborr, Brüssel, für writehouse
Satz: Röser Media, Karlsruhe, für writehouse

Gesamtherstellung: Ullmann Medien GmbH, Potsdam

Printed in Poland, 2017

ISBN 978-3-7415-2251-2

10 9 8 7 6 5 4 3 2 1
X IX VIII VII VI IV III II I

www.ullmannmedien.com
info@ullmannmedien.com
facebook.com/ullmannmedien
twitter.com/ullmannmedien